내 몸엔 바다가 산다

정은정 시집

시인의 말

첫 시집 『진실의 기도』를 세상으로 띄워 보낸지 15년 만에 두 번째 시집을 출간한다. 생이 결코 녹록치 않다는 것을 지나간 내 생이 말해준다. 그러나 기억속의 상처, 추억, 그리고 행복했던 시간들이 내게로 와서 詩가 되었다.

삶에서 늘 망설이고 뒷걸음치길 반복하다가도 詩가 있어 위안이 되었고 역경을 넘는 힘이 되었다.

가난한 농부의 딸로 태어나 풍족하진 못했지만 자연 속에서 자란 유년과, 내 인생의 푯대인 아버지, 그리고 내 삶의 일부인 다대포는 내 詩의 모천이었다.

아직은 덜 여물고 부족한 편린들을 모아 이 시집을 내면서 더욱 성숙해지고 다듬어지는 나로 서고 싶다.

끝으로, 사랑하는 가족과 변함없이 15년을 함께한 느슨한 문학동인 "아요"선생님들과 이 기쁨을 함께하고 싶다.

아미산 아래에서 정은정

차례

시인의 말 —— 003

제1부

다대포—일출　011
다대포—노을　012
다대포—비 내리는　014
다대포—새벽　015
다대포—안개　016
다대포—나　017
다대포—분수　018
다대포—가을　019
다대포—가을 2　020
다대포—폐선　021
다대포—저녁　022
다대포—당신　023
다대포—품　024
다대포—내 안의 섬　026
다대포—비　027
다대포—비석을 세워주세요　028
다대포—만찬　029
다대포—내 몸엔 바다가 산다　030

제2부

보고 싶다 035
그리움을 말리다 036
얼룩을 지우다 037
그리움 038
아버지 기일에 040
주파수 042
지게 044
그대가 그립다 046
산소에서 048
아픈 무늬 050
안부 052
아버지—병원에서 053
고백 054
바람 056
비구니가 된 친구에게 057
내 친구 숙이 058

제3부

자운영 063
자운영 꽃밭으로 가자 064
씀바귀 066
씀바귀 2 067
개연꽃 068
억새밭에서 069
아직 나는 봄 앞에서 끓는다 070
목련 071
복사꽃 072
쑥부쟁이 073
동백꽃 분재 074
둔치도 075
둔치도 2 076
저녁 을숙도 077
채석강 078
봄 079
별 080
홍시 081

제4부

산행　085
친정에서 하룻밤　086
몸살　088
시골 장터에서　090
수진 아지매　091
그 곳에는　092
폐가에서—고향 하씨 집　094
학교 운동장에서—고향 초등학교　095
겨울나무　096
커피를 내리며　097
찻집에서　098
극락암에서　099
식탁 위의 북어　100
천동 동굴　101
차마고도　102
자화상　104

발문 다대포 노을에 반한 시인　105

제1부

다대포
―일출

갯내음 코를 찌르는 곳

붉은 망토 입고

달려오는 파도

물속에서 불콰한 한 놈

낚아 올린다

아! 오늘 아침도 월척이다

다대포
―노을

섬과 섬 사이를 왕래하던 해가
물위에 내려앉으면
바다는 거대한 용광로의 쇳물이 된다
아니, 세상을 온전히 살아낸 고단한 사람들
겸손한 식탁에 놓인 포도주가 된다

일몰의 장엄한 순간
하루의 순례를 마친 사람들은
한 잔의 포도주를 마시며 겸허하게 묵상을 한다

순결한 땅 여린 속살을 적신 낙동강
안식을 예비하는 미풍이
몰운대 고즈넉한 송림 사이로 불면
지상의 모든 생명들
아스라한 열기를 마시고 내일을 충전한다

아! 다대포를 물들이는 붉은 힘이여
이 세상 불의를 태우는 영혼의 에너지여
저 생명의 역사가

내일 또 다른 힘으로 이 땅에 쏟아지리니
밤바다에 적멸하는 노을이 있어
등대 같은 다대포는 언제나 꿈이 살아 있다

다대포
―비 내리는

소낙비 내리는 바다는 저 혼자다

모래에 서성이던 게들도 모습을 감추고

횟집도 문을 닫아 걸었다

한낮인데도 배경은 밤이다

몰운대는 참선하는 스님처럼 가부좌를 틀고

썰물도 소낙비에 몰매를 맞고 소리를 죽인다

끼룩거리던 갈매기들 모두 어디로 갔을까

인적 없는 다대포

나 혼자 선착장이 된다

다대포
― 새벽

은장도 날 같은 푸른빛이 모래사장에 깔려 있네

사장에 내려서서 어둠의 거미줄을 걷네

가만가만 눈 감고 바람 한 사발 마시면

밤새 쌓였던 그늘 사라지고

밀고 올라오는 경건한 생명의 온기

바다의 살내음이 온 몸에 퍼지네

그물에 갇힌 어둠이 물러나면

바라보는 내가 더 출렁이는

바다가 되는

다대포
―안개

자신을 보여주고 싶지 않을 때 해변에는

가끔 안개군단으로 심통을 부린다

바다가 보고 싶어 달려온 길

안개의 허방에다 나를 밀어 넣는다

완강한 숲을 열고 바다는 나를 핥는다

바다는 모질지 못하다

다대포
―나

노을이 정원을 가득 채울 때 바다에 선다

죽음 쪽으로 한 눈금 옮겨간

오늘 하루도 평안했다고 차를 마시듯

심호흡으로 폐를 확장시킨다

어제와 오늘의 내가 다르듯

모래톱을 핥는 저 파도도 할 말이 많을 것이다

바람이 한바탕 휘몰아치고 난 후

숙제하듯 젖어오는 어둠을 본다

내가 지는 바다다

다대포
—분수

서쪽하늘이 불덩이로 펄펄 끓을 때

절정에 이른 강건한 사내가 괴성을 지른다

하늘을 향해 물줄기를 쏘아 올린다

사정하고 나면 잿빛 허무뿐

그때 무수한 별들이 쏟아 졌으리

사내가 오색빛을 비추고

노래로 치장하는 것은

외로움을 못 견디기 때문이다

다대포
　—가을

해변의 가을은 단풍보다 먼저
바람으로 자신의 존재를 알린다

색깔로 드러내는 동해나
개펄을 서성이는 해넘이의 서해보다

남녘의 바람은 낙동강 물소리 따라
을숙도에서 불어온다

진을 친 갈대로 스며드는
바람의 아우성

가을 다대포는 바람이 주인이다

다대포
―가을 2

나는 지금 바다로 간다
가을바다의 수확은 수작이다
시장기 짙은 그리움 앓던 곳

빗살무늬 토기처럼 투박한 세상을 두고
파도 출렁이는 길을 따라
새처럼 바다로 간다

이끼 낀 세월을 깔고 앉은 언어들을
길어 올리는
해가 뜨면 누군가 던진 작살의 깊이만큼
멍든 가슴들이 나뒹구는 곳

하얀 물감을 풀어 어둠을 지워가며
바다가 보이는 언덕에 서서
해풍에 그을린 너를 만나고 싶어
나는 지금 바다로 간다

다대포
―폐선

어디서 흘러 왔을까

지치고 삭은 초라한 몸뚱어리

젊은 한 시절 불끈거린 근육들 흔적조차 없네

부처로 돌아가는 중일까!

모래톱에다 사지를 뻗고 있다

다대포
―저녁

노을에 물든 물결 일렁이는 저녁에는
불어오는 바람도 붉다

그 붉은 바람이 한창일쯤
먼 바다로 향했던 고깃배들이
선창에 붉은 것들을 가득 묻히고
줄지어 돌아오는 곳

어선들의 행렬을 반기기라도 하듯
날개처럼 늘어선 횟집에선
가로등 같이 주섬주섬 얼굴빛을 밝히고
철새들도 그 빛에 뭉쳐서
귀가를 서두르는 곳

늘 저녁이면 붉은 전류를 따라
길들을 하나씩 붉게 물들이는
혼자서도 서럽지 않다
오늘 다대포는 붉어서 좋다

다대포
—당신

여러 날을 아팠습니다
잘못 맞춘 라디오의 주파수처럼
당신 생각으로 밤을 뒤척였습니다

치직거리는 기억
저편 너머로 문득 생각하니
배불리 생각해 본 적 없는
내 안의 그대는 늘 초라했습니다

때론 노래를 타고 나에게 왔다가
비가 내리면 빗물에 씻기어
그대가 떠내려가기도 하였습니다

가끔은 아주 가끔은
바람개비처럼 공중에서 허우적거리다가
내 품에서 잠시 잠이 들기도 하였지만
반성합니다
당신을 향한 가난했던 마음을
기억 그리고 추억을

다대포
―품

오늘도 그의 품안에 안겨본다
그와 함께 살을 맞대고 살아온 몸속엔
그의 피가 온몸을 순환한다
언제나 그대 앞에 서면
그는 머릿결을 쓰다듬어 주기도 하고
상처를 어루만져 주기도 한다

때론 강으로
때론 바다로
때론 잔잔한 호수로
때론 파도로
그러다 고요한 절벽이 되기도 한다

내 생각의 종착역 다대포
그 안에서 그리운 이름들을 하나하나 호명하면
곰삭은 비릿한 그리움이 인다

속절없이 파도에 쓸리며

저물어가는 땅 끝
다대포 그 품에 안겨 본다

다대포
―내 안의 섬

세상 어딘들 섬 아닌 곳이 있으랴

해가 지고 어둠이 점령하면
세상은 모두 섬이다
물결 따라 흐르는 배도 섬이고
바다 안에 갇힌 육지도 섬이다

안의 것 토해내지 못하고
안의 것 버리지 못하고
안의 것 흔들어 깨우지 못하면
마음도 내 것이 아닌 것을

내려놓는다
품에 안고 있는 모든 것
똥자루 같은 욕심들!

다대포
　—비

밤새 흐느끼는 바람
바다가 울고 있다
살다보면 바다도
슬플 때가 있나보다
내 슬픔 씻으려 왔다가 바다의 울음을 본다
눈 비비며 이어온 길들
파도군단 일으키며 용감한 척 하지만
갈매기도 자러 간 밤이면
바다도 외로웠던가 보다
어선의 작은 불빛 반짝이는 밤
바다의 슬픔에다
내 설움도 슬쩍 보탠다

다대포
― 비석을 세워주세요

나 죽거든

다대포 바닷가에

차갑지 않은 비석을 세워주세요

뭇 발자국들 찾아와

나를 밟고 지나가고

파도에 부딪쳐

끝없이 밀려 갈 때까지

노을 붉은 바닷가에

누군가의 발바닥 무늬 같은

비석 하나 세워주세요

다대포
―만찬

치자梔子로 염색한 해가
낡은 목선 위에 떨어진다
푸른 속옷을 벗은 바다는
불덩이 같고
은빛고기처럼 튀어 오르는 파도는
붉은 그물에 갇혀 날개를 퍼덕인다
정처 없이 표류한 이 하루
떨어지는 해
바다를 튕기는
현악기의 떨켜다

다대포
　―내 몸엔 바다가 산다

많은 날들을 바다 곁에 살았다
그 바다 다대포

파도가 새벽을 깨우기도 했고
여름이면 인산인해 사람도 바다였다

내 속에 찌꺼기가 많아지면
갯물이 그것을 절여 내기도 했고
파도가 눈꽃처럼 일어나
소리를 지르며 내 지친 삶을
위로해 주기도 했다

삶에서 도망치고 싶을 때
파도가 내 등을 슬쩍
밀고가기도 하였다
바다에 사는 고기처럼
내 몸에도 바다가 산다

해변에 서면

나는
바다의 일부가 된다

제2부

보고 싶다

밤이면 늘 그렇다

찢기고 긁힌 흔적도 없는데
가슴 밑바닥에서 각혈 같이
울컥 올라오는 것
무거운 옹이 하나가 박혀있는 듯

외딴집 호롱불로 깜박이는 추억의 파편들
언제쯤이면 까맣게 꺼져 갈까
그리움은 낡아질 수 있을까

암처럼 자꾸만 영역을 넓혀가는
보고픔이 두렵다

그리움을 말리다

신열이 끓는 마음에서
뒷발질하며 튀어나오는 놈이 있다

손에 잡히지는 않지만 안에 들어앉은 놈을
그리움이라 부른다

그는 내가 세상에 한 방 맞아 눈자위가
퍼렇게 멍이 들었을 때
약이 되어주기도 하지만

어떤 날은
새벽보다 먼저 얼굴을 내밀어
하루를 헝클어놓기도 한다

나를 조울증 환자로 만드는
고얀 놈!
그 그리움을 말리고 싶다

나를 잊어버린 누군가처럼

얼룩을 지우다

몹쓸 바람이 가슴으로 들어왔다

마음의 얼룩 지우려
몇 번이나 헹구어도
그대를 열망했던 기억의 편린들이
혈관처럼 내 안을 돈다

그런 날은
절정을 비낀 노을처럼
오직 타고 있을 뿐

보이지 않지만 아려오는
감춰둔 기억들

얼룩을 조금씩 닦아내면
아픔도 무늬가 될까

그리움

누가 날 불러
취기어린 춤을 추라 하는가

아직 매운바람 속
매화나무 우듬지에서
어린 새싹이 꼼지락거린다

필시 누군가를 향한
내 고갯짓도 처음엔 저렇게
시작되었으리

계절이 익혀주면 매화는
향기로 세상을 깨운다

그때 그대 향한
나의 가난한 눈물 한 방울도
하얀 기억처럼 떨어지리니

매화가 빗장을 푸는 것은
내 간절함이 발효되었기 때문이다

아버지 기일에

평생 등짐 지고
가난을 동무하여 살다 간 당신
마지막 선물로
주고 간 하얀 고무신 한 켤레
그 신발 신어 볼 때마다
허기진 그리움이 햇살처럼 일어선다

오늘은 당신 가신 날
생시에 좋아하던
막걸리 빈대떡 두부전을 올린다

혹여 찾아오지 못하실까
온 집에 불 밝히고 향불로 인도한다

처음엔 절망으로 가득했던 당신의 빈자리
세월에 조금씩 헐거워져
죄스런 이 시간

술 취한 밤이면

밤새워 부르던 당신의 유행가도
오늘은 우리의 안주가 되어
고즈넉이 타고 있다

주파수

앨범 속 접지를 넘긴다
건성으로 장애물을 걷어내듯
네게로 향하던 안테나를 멈춘다

때론
그대가 보낸 주파수가
혈관을 관통하듯
전류가 온 몸을 달굴 때도 있었고
죽순처럼 자라나는 그리움으로
그대를 앓다가 지새우는 밤도 있었다

때론
그대가 무심코 던진 언어의 파편에 맞아
꼬리 잘린 도마뱀처럼 파닥거린 날도 있었다

때론
무엇도 아닌 일로
단단한 껍질 속에 들어 앉아
속없이 마음을 끓이다가

그대 발자국 소리에
닫힌 문을 열기도 했지만

어딘가 독하게 곪아 터질 것 같아
이제 끓어오르는 감정의 뚜껑을 닫고
부유물 가득한 날들을 가라앉히려 한다

지게

주인 기다리다 모딜리아니*의 그림 속

여인처럼 목이 늘어난 지게여

오늘은 헛간 한편에 면벽하고 서 있구나

예순 다섯 홍시가 하나 둘 익어가는 초가을

그 좋아하던 감 하나 드시지 못하고

수저를 놓으신 아버지

뻔실나게 오르던 마을 뒷산에서

누가 당신을 불렀을까

검정고무신 한 켤레 벗어두고 가신 그 세상

항암제로 모두 빠진 머리칼은 자랐을까

주인 잃은 지게도 오늘은 나처럼 서럽게 운다

*모딜리아니는 목이 긴 여인을 주로 그린 프랑스 화가

그대가 그립다

함께 있을 때는
마음의 실타래를 다 풀어내지 못하고
그저 웃음으로
모든 것을 지우며 지나가고
멀리 있는 이 순간
그대가 그립다

바람에 흔들리는
가로수 잎만 보아도
그대가 나를 어루만지듯
부드러운 손길이 그리워지고
비 내리는 아스팔트 바닥 위를
정처 없이 걸을 때에도
빗소리에
그대 발자국이 따라오는 듯
생각에 잠긴다

내게 당신이 있어 행복한 이 순간

그리고 이 고독도
당신이 있어 나는 살아있다

산소에서

파란 아버지의 초목에 앉아
생각에 잠긴다

평생 노래 부르기를 좋아하셨던 아버지
달밤이나 여름 날 평상에 모기를 쫓을 때
당신의 노래는 자장가였다

어둠이 고샅을 덮을 때
밭에서 돌아오면서 흥얼거리던 당신의 유행가가
서러움 같이 오늘은 내 속을 파고 든다

바람에 뿌리 채 뽑혀 누워있는 뒷산 나무
아직도 내 잠을 간질이는 냇물소리 같이
그 노래를 먹고 나는 살아가는지 모른다

결코 녹록하지 않은 생에
당신의 노래는 삶의 몸부림이었음을
이 나이에 겨우 깨우치는

그윽하게 눈을 감고 부르던 그 노래가
이리도 그리움의 길이 된다는 것을
파란머리 잘 깎은 아버지 곁에서 낮게 불러본다
아버지의 노래를

아픈 무늬

몹쓸 휑한 바람이 가슴으로 들어왔다

마음 언저리 아픈 무늬 하나
닦아내려고 몇 번이나 헹구어 보아도
작달막한 기억의 조각들이
핏줄처럼 내안을 돈다

보고픔이 소금기 잔뜩 머금고
수시로 나를 툭툭 친다

사정없이 소낙비처럼
기다린 날도 있었다
여름 햇살같이 뜨거운 날도 있었다
모든 것을 소진한 노을로
오늘은 타고 있을 뿐

보이지 않는
볼 수 없는 저 끝없는 아픈 무늬들

결국엔
묶인 마음 조금씩 풀어 놓는 일이 삶인 것을

안부

아직은 매운바람의 시간
동백꽃 저문 목숨들 바람에 떨고 있네

분간할 수 없는 내 속의 완강한 아집 때문에
발밑에 철썩이는 그대가 가여워라

하루해가 지듯이 미움도 저물 수 있다면
추억이 없는 곳까지
갈수만 있다면

대답 없는 너에게 물음표를 던져보는

사람이 그립다

내 안의 너

아버지
―병원에서

잡풀만 무성한 철로가 마당에 깔려있었네
그 녹슨 철로 건너서
사람 노릇하고
우리 형제들 세상에 흔적으로 남아있는 것은
폐암 걸린 당신의 야윈 평생 때문이었네
먼지 날리는 신작로 같은 생!
천국행 차표를 쥐고도
아버지라는 원죄가 무거워
자식들 내려다보며 눈물 글썽이던 당신

고백

너에게로 가는 철길에 앉아
상처를 꺼내본다

더 많이 나를 사랑했노라며
그대가 찍었던 발자국을 펼친다

작은 씨앗으로 출발한 우리가
고요한 땅에다 뿌리를 내리고
생채기로 여러 해를 묵히고 익히다가
이젠 삭아서 더 좋은
말들을 듣고 싶다

한농안 등줄기를 후려치던
한낮의 따가운 햇살도
내 안으로 걸음을 옮겨놓던
파도 같은 바람도
이미 내려앉은 밤처럼
두려움 없이 고요해진
사랑은

힘이 세졌다

오늘도 당신이 있어
하나씩 모자람을 채우며 걸어 나가는
그림자에 부끄럽지 않게
저 들꽃 자유를 입혀
저 들에 핀 꽃처럼 살아가고 싶다

바람

그대가 지나다니는 길목엔 늘 바다가 보이고
파도로 일렁이는 내가 있다

옷 여미고 서 있어도
어느 틈엔가 속살 깊숙이 파고들어
여린 것들을 흔들어 깨우는
그대가 있다

부르기 전 뛰어와
내 몸에 풀어내는 달고 아픈 무늬들!

시린 것들 감추려 동여맨 내안의 것들을
어느 순간 흔들어 깨우는
내 속에 걸어온 당신은 쓸쓸하다

그대를 들일 수 없는 나는
외롭다

비구니가 된 친구에게

파도치는 세상
제 그림자에
발목 잡혀 사는 사람이
어디 너 뿐이든가

자식 둘
지아비 남겨 놓고
떠나고 나면

네 자양분으로 큰
저 어린잎들의 허기는
무엇으로 채우고
이 겨울을 어떻게 견딜까

마음의 거처를 찾아 떠난 넌
새가 되었을까
이제 가벼워졌을까

부디 성불하여라

내 친구 숙이

백목련 같이 화사한 시절 숙이를 만났다
그녀는 일상에서 하냥 스치는 바람에 불과할 뿐
그 무엇도 궁금하지 않았다

두 번째 그녀를 만나던 날은
세상 소낙비에 맞아
온몸이 멍들고 피투성이가 되었던 날이었다
처참한 몰골
차마 다가가지 못하고 멈칫거리고 있을 때
먼저 환하게 맞아주며
젖은 옷을 닦아주던 숙이!

벼랑에 서 있을 때 그녀는 내게로 들어왔다
하루하루가 꽃샘추위였던 날들
그녀는 봄꽃이었다

가슴에 용광로를 가진 사람이었다
이제 조금 알 것 같다
그녀에게서 뜨거워지는 법을 배웠고

뜨거움을 나누는 법도 배웠다

사람의 반열
맨 앞에 숙이를 세운다

제3부

자운영

붉은 물결 일렁이는

꿈결 같은 봄 들녘

햇살에 뒹구는 아지랑이

내 마음에도 불이 붙어

연분홍 춤사위에

내 영혼이 묶이네

자운영 꽃밭으로 가자

마음이 가난할 때
자운영 꽃밭으로 가자

바람이 부는 날에도
나무 그늘이 그리운 날에도
길을 가다 문득 잊었던 사람이 생각나는 날에도
자운영 꽃밭으로 가자

살다보면 겨울이 오고
또 여름이 오고
그러다 꽃이 피듯이
가끔은 무거움 내려놓고 싶을 때
문득 뒤돌아보고 싶을 때
내 속에 상처가 화끈거릴 때
자운영 꽃밭으로 가자

온몸으로 등불 켜고
뜨거운 핏대 세워

저토록 몸이 달아 타는 저것들!
꽃밭에 누워 가만히 하늘을 보자

씀바귀

하늬바람 찬 서리 온몸으로 받아내다

토끼의 잔털 같이 야윈 햇살이

내려앉으면

꽃이란 이름표를 단

노오란 열정 하나가 쏙 내민다

세상이 마른 흙 같이 부드러워진다

동토冬土에서 보내는 연하장이다

씀바귀 2

불모의 땅 위에서

불꽃처럼 일어나는

저 근육 혹은 오기

파장의 막간에서

궁둥이 한 번 흔들어 보네

야! 나는 고함도 한 번 못 질러보나

개연꽃

면류관의 가시옷 걸치고

하얀 수염신발로

진흙 속에 터 잡은

누구나 벗어나려고 몸부림치는 곳에서

세상 고통 오로지 내 몫이란 듯

파란하늘 맑은 기운 머금고

어둠 밝히는 꽃

노란 미소!

연못이 일출 같네

억새밭에서

저물어 가는
억새밭에 서 본 사람은 안다

누군가는 꽃이라 좋아하며
그 배경으로
사진을 찍고 돌아서지만

젊은 한 때도 세월에 종아리를 맞으면
시간이 보낸 저승사자 앞에서는
맥을 못 춘다는 것을

바람이 불 때마다 상처끼리 닿은 자리가
쓰라려서 억새는 저렇게 운다는 것을

결국 우리도 그렇게 된다는 것을

아직 나는 봄 앞에서 끓는다

햇빛이 땅 밑에서 기지개를 켜면
산은 게슴츠레해 지고
그 속의 푸른 것들은 꼬리를 친다
수류탄 진달래도 펑펑 터진다

향을 머금은 바람이 익숙한 솜씨로
이곳저곳을 기웃거릴 때
겨울잠을 자다 일어난 나도
우듬지로 물관을 퍼 나르는 나무처럼
봄 앞에서 다소곳한 여인이 된다

목련

그는 전쟁터에서 살아온 전사다

당찬 뿔 머리에 달고
겨울 한파 이기고 돌아온

그는 정녕 수컷이다

눈발 날리고
궂은 비 뿌리는 강을 건너
제 몸의 온기 세상에 던져주고 살아온

아 푸른빛 도는 저 신념을 보며
나도 전의에 몸이 타오른다

복사꽃

살아 생전 아버지가 좋아하시던 꽃

무덤가에 피어

자식들 마음에 눈물로 흐르는 꽃

인연이라는 뗄 수 없는 길에서

마른 등 굽어보며

유언처럼 붉은

쑥부쟁이

쑥부쟁이 지천으로 핀 강둑

가을 강이 숨을 고르네

꽃잎 하나 따서 강으로 던져 보네

강도 취해 몸을 뒤척이네

동백꽃 분재

평생 남루한 푸른 옷 단 벌

화분 속에서

전족纏足한 채로

빨갛게 단장한 입술

나를 깨우는 봄의 전령사!

둔치도

네 이름을 부르면

아귀나 물메기 혹은 곰치가 생각난다

못 생겨도 맛은 있는

강이 밀고온 펄흙이 일가를 이룬 곳

서낙동강의 변방에 혹처럼 붙어 있어도

갈대도 기르고 물새도 품는

누가 둔치도를 괄시하는가

기력 쇠할 때 한 바퀴 돌고나면

만땅으로 나를 충전시켜 주는

내 에너지의 저장소!

둔치도 2

새벽이면 철새들 날갯소리에 눈 비비고
안개 걷히면 깨어나는 섬
물과 들이 합방해서
섬이라 이름 지어진 기슭

문명에 얻어맞아 멍이든 강을 끼고
그래도 살아야겠다고
우둔한 갈대가 서걱거린다

사내들 튀어나온 배에는
탐욕 밖에 없지만

너 투박한 이름에는
물러설 수 없는 빗장이 서늘하게 빛나는구나

저녁 을숙도

노을 속

인기척도 잠이 든 나루에
강물은 모래밭에
몸을 묻었다

하루의 노동으로
붉게 물든 강물

갈대밭 사이로
사라지는 새 두 마리!

몸에 묻은 노을을 털어낸다

채석강

석화石花핀 바위마다
켜켜이 내려앉은 세월

물결에 씻겨간 인연들은
어디로 갔을까

이리저리 부딪치다
침묵처럼 잠겼을까

찰과상에 멍이 든
바위만 울고 있네

봄

나비 날개 춤 서넛
닫힌 문 흔들어 깨우고

눈꺼풀 들어 올린 파도
슬픔 찢을 때

언 땅 실개울도 속살 드러내
길을 여네

야윈 나무는
수채화 같은 풍경 매달고
새 살점 틔우네

별

몸 푸는 봄 호수에

눈빛 푸른 사슴떼 풀었나

꿈길에도 그리운 체온

열린 맘에 점찍네

홍시

가을의 몸뚱이는 아무래도

알몸일거야

가지마다 달려있는

저 부끄럼 좀 보라구!

제4부

산행

포문처럼 가슴을 열고
비탈길에 선다

목덜미에 맺히는 땀방울을 훔치며
날다람쥐 같이 오르는 산행

나무하던 울 아버지가 스친 길인가
키 낮은 잡풀도 정겨운
10월의 산행

정상에 서면
떠나온 속세가 또 그리운

산에 든다는 것은
하심을 기르는 일

친정에서 하룻밤

고단한 삶의 회초리에 맞아 종아리가 쓰릴 때
나는 고향집에 닻을 내린다

새벽 닭울음소리에 눈을 뜰 때
별들도 집으로 돌아가고
밤새 바람이 길을 낸 마당엔
낙엽이 이슬에 흠뻑 젖어있다

물장구치고 놀던 동네 개울은 언제 일어났는지
꿈속인 양 물소리 들리고
환하게 불이 켜진 부엌에선
어머니의 낯익은 손놀림

철없던 때는
몰랐던 그리움의 집
오래전 하늘나라로 주소를 옮긴 아버지가
늦잠 자는 형제들을 깨우는 소리
숟가락 부딪히는 소리
내 유년이 보물인 양 숨어있는 곳

이 새벽
세상의 어둠을 밀어내고 계시는
어머니의 등 뒤에서
나는 아직도 자라고 있다

몸살

햇볕에 달구어진 양철지붕처럼
타닥타닥 타 들어가는 소리
피가 닳아 오르기 시작한다
편을 나눈 전쟁
불이 났다가
물이 끓었다가
파랗게 신경들이 일어난다
몸의 중심을 잡아주던 기둥이 내려앉는다
대들보인지 서까래인지 지금은 분별할 수가 없다
실밥처럼 툭툭 터진 입술 안
밥알들은 모래처럼 화합하지 못하고 빙빙 돈다
줄 끊어진 기타처럼 몸뚱아리는 바닥을 긴다
지금은 무엇으로도 잠재울 수 없다
팽팽한 현의 당김에 몸을 휘감은 비늘이
자꾸만 헐겁게 흘러내리고
습한 안개처럼 축축하게 젖은 몸은
출렁출렁 소리를 낸다

필요하면
그래, 발라 자시게 나를 드리지요

시골 장터에서

이도 빠지고 귀밑머리는 신선을 닮아가는

나이 든 간판들

촌스런 꽃무늬 커튼너머에 국화빵이 익어가고

적나라하게 화장한 다방아가씨의 커피포트가

오토바이에 매달려 달려간다

좌판에는 할머니의 손에 이끌려 나온 푸성귀들

어느 것 하나 화려하지 않지만

도시 같이 발랑 까지지 않은

수다가 익어가는 곳

정겨운 통속으로 나도 들어간다

수진 아지매

아버지 돌아가셨을 때
이제 형님 혼자 우째 사냐며
엄마 소매 부여잡고 눈물 흘리던
수진아지매

그녀가 세상을 졸업했다

쉰 살이면 아직 청춘인데
왜 제초제를 마셨을까

개울물 소리 정겨운 집에
혼자 남은 수진 아제의 자책하는 울음소리

삶과 죽음의 경계가 어렴풋하다
이렇게 목숨줄이 허망할 수 있다니

그 곳에는

낡고 오래된 기와집

동네 큰길 지나
대나무가 울창하게 자란
모퉁이 작은 집

환한 햇살 속에 웅크리고 앉아
상추씨를 텃밭에 뿌리고 계실 어머니

혼자말로 중얼중얼
자식 걱정 놓지 못해
뒤척이며 살아온 칠순의 봄날
눈을 감고 잠시 불러본다
어머니!

오늘처럼
봄바람 부는 날은
구멍 난 가슴으로 고향집을 지키고 계시는
어머니의 땅

그 곳이 그립다

폐가에서
―고향 하씨 집

대문을 들어서니 괴괴한 정적이
마중 나오네

곡기를 끊은 늙은 무쇠 솥
딱지 앉은 피처럼 녹슬어 있고
무너진 울바자에
잡초만 무성한 마당

성깔 있던 주인은 어디로 갔을까

무수한 시간의 진통을 허용한 고가古家는
완강하던 고집 내려놓고
허물어지고 있네

내 유년 추억 한 페이지도 접히고 있네

학교 운동장에서
　—고향 초등학교

순금 같은 유년의 시간이 고여 있는 곳

눈이 머무는 곳 마다 추억으로 채워진 운동장
내가 호명하면 쏟아질 것 같다
선생님이
친구들이
그리고 운동회 때 아우성이

고무줄을 끊으며 좋아한다고 따라다녔던
한 소년도 이순신장군이 되어 화단에 서 있다

그때는 마을에서 제일 큰집이었던 교사도
이제는 늙었는지 키가 퍽 줄었다

눈감으면 아련한 그 시절!

흑백의 앨범 속 추억의 풀밭으로
혼자 터벅터벅 들어가 본다

겨울나무

가진 것 다 버렸습니다

품었던 욕심이
얼마나 부질없는 것인가를
언 땅에 깨금발로 서고야
알았습니다

귓볼을 때리는 겨울새벽
시련을 거친 후에야
깨달음을 얻었습니다

아! 그것이 나를 지탱하는
살이고 피인 것도
나목이 되고난 후에야
알았습니다

커피를 내리며

기다림의 끝
주전자를 가스불에 올립니다

선반 위에 갈무리해 둔 럼주보다 알싸한 기억들
지난 시간의 끈이 풀리며
부르르 몸이 떨립니다

한 모금 식도를 적실 때
치명적인 향이 코를 찌르는
과거를 담금질하는 연금술사입니다

말갛게 익은 갈색 흥분!

아둔한 나를 거울처럼 닦아줍니다

찻집에서

창 밖 쇼윈도에
눈을 고정한다

수숫대같은
날줄의 영혼

줄무늬 선율
가슴에 하강한다

헤이즐넛 갈색 입술
뜨거운 키스!

그리움은 씨줄로
일어나 숲이 된다

극락암에서

몸 불린 햇살
한 됫박 쏟아지는 날

연못 속으로
벚꽃 잎
내리 꽂히고

향기에 취한 나도
흔들리고
흔들리고

식탁 위의 북어

뻣뻣하게 숨통 끊어지고
물밑 세상 다 버린
뱃가죽 누렇게 익은 북어 한 마리

박제로 식탁 위에 누웠다

깊은 바다에서 뽐내며 살았을 목숨
누가 저 누런 속통을
바다에 살았다고 할 것인가
누가 저 말라버린 비늘을 보고
바다를 헤집고 놀았다고 할 것인가
차마 감지 못한 두 눈에 헤엄치는 바다는
어디서 꼬리를 흔들고 있는 것일까

생의 마지막 뜨거움 한 방울 마저 게워내고자
이제 냄비 속 바다를 찾아온 것일까

냄비 속 뜨거운 한 마리 바다

천동 동굴

그 곳에 발을 들여 놓았을 때
그는 조용히 나를 끌어안았다
가만히 어둠속에서
그가 내 체온을 느끼는 동안
그는 투명해지고 밝아지기 시작했다
그렇게 조금씩 서로에게 젖어드는 동안
그는 조금씩 자신을 내어주었다
몇 천 년의 잠을 잔일이며
눈물 흘린 자국까지
내가 모르는 일들을 이야기해주었다
그런 그가 대견해서

나는 숨죽여 품을 열었다
오래도록 꼭 안았다

차마고도

설산에 눈이 녹으면 열리는 마방의 길
1400년의 세월 동안
끊어 질 듯 흘러온 길

생명의 차를 전하기 위해
걷고 또 걷는
실핏줄처럼 이어진 길

거미줄처럼 얽힌 티벳에서 인도까지
그 길에서 다시 시작되는 생명의 선
새가 주인이었던 길
설산과 협곡을 따라
야크도 사람도 한 몸이 되어 걷는
끝없는 인생의 길

끊어질 듯 이어지고
이어지다 끊어지는
가도 가도 끝이 없는 길을
마방이 간다

생명의 실핏줄
차마고도는 인생이다

자화상

강구 어디쯤 말라가는 과메기 같이
텅 빈 나!
오늘 바람에 몸을 맡긴다
고구마 덩굴처럼 뽑혀 올라오는
내 탐욕!
울 밖에 앉아 처연하게 오줌을 눈다

발문

다대포 노을에 반한 시인

권경업(시인)

 정은정 시인은 이름에서 부터 정은 정(情)이라고 말한다. 주는 정과 받는 정, 정시인의 정은 주로 주기만 하는 정이다. 시인의 정은 지금도 현재진행형으로 다대포를 향하고 있다.

 강원도 태백시의 함백산 동쪽 작은 저수지인 황지연못에서 발원하여, 남쪽으로 흐르다가 부산 서쪽에서 분류되어 남해로 들어가는 낙동강이 8백리 지친 길도 마다않고 바다에 닿는 곳.
 그곳이 다대포이다.

그래서 시인은 다대포를 사랑했는지 모른다. 저녁놀 나래 펼 무렵 강과 한 몸을 이루는 바다를 바라보다가 시인의 가슴에 슬그머니 들어와 자리를 잡은 다대포, 아니 시인 스스로 가슴을 열어 품었다는 표현이 맞겠다.

 빼어난 절대미(絕對美)의 아름다움을 간직한 다대포, 굳이 시인이 아니더라도 노을 물드는 다대포 해변을 가보면 누구라도 마음을 빼앗기지 않을 수 없다.
 그런 아름다움을 간직한 바다 가까이에 살아가는 여린 감수성의 시인은 당연히 마음이 자유롭지 못했을 터, 물어보나 마나 몇 날 밤을 뜬눈으로 지새우길 반복하며 시인의 詩心이 다대포를 향하게 되지 않았을까. 건너편 대마등 갈숲으로 물새들 돌아가는 저물녘이나 조개 줍는 아이들이 사라진 철 지난 백사장에 가을비라도 내리면 그 고적함을 어떻게 이길 수 있겠는가.

 다대포에 바람 불고 너울이라도 밀려오면 그림처럼, 혹은 그림자처럼 시인 하나쯤 어슬렁거리며 해변을 걸어주어야 겠다, 생각했을 것이다.
 그렇게 마음을 열어 정을 나누길 十午年,
 부풀어 오른 가슴으로 제왕절개 하듯, 한 놈씩 한 놈씩 핏빛 흥건한 다대포 노을로 쏟아낸 놈들이 바로 정시인의 작품들인 것이다.
 그 가슴앓이 출산과 산고를 보지 못한 사람들은 혹 사

생아가 아니냐고 쑥덕대겠지만 가까이 지켜본 지인이나 문우들은 안다.

다대포가 정시인이 쏟아낸 작품들의 애비란 사실을.

다대포!

정은 정(情)이란 말과 희한하게 어울리는 어원이 품는다는 뜻의 포(浦)를 수식하는 많을 다(多), 클 대(大)의 이 묘한 이름은, 실은 뭍이 바다를 향해 열어놓은 포구가 아니라 몸 비비고 살 섞을 곳이 없을까 하고, 끊임없이 바다를 떠다니는 바다의 자궁을 뜻한다.

그 비릿한 자궁의 살내음 가까이 접하고 사는 시인은 시도 때도 없이 바다를 보며 시(詩)를 잉태 시키고 싶은 욕구가 끓었을 것이다.

오늘은, 신비로운 안개 머금은 몰운대와, 다음 날은 막 뭍으로 올라온 듯 물기어린 머릿결의 갈꽃 흐느적거리는 대마등과, 또 다음날은 억지로 육지와 붙어 앉은 가덕도 연대봉을, 호시탐탐 먼빛으로 바라보며 한숨 짓는 부랑(浮浪)의 바다 그 다대포를 시인은 곁눈 돌리지 않고 꿰어 찬 것이다.

그리고 이렇게 고백한다.

　　많은 날들을 바다 곁에 살았다
　　그 바다 다대포,

　　파도가 새벽을 깨우기도 했고

여름이면 인산인해 사람도 바다였다

내 속에 찌꺼기가 많아지면
갯물이 그것을 절여 내기도 했고
파도가 눈꽃처럼 일어나
소리를 지르며 내 지친 삶을
위로해 주기도 했다

삶에서 도망치고 싶을 때
파도가 내 등을 슬쩍
밀고가기도 하였다
바다에 사는 고기처럼
내 몸에도 바다가 산다
해변에 서면
나는
바다의 일부가 된다
—「내 몸엔 바다가 산다」 전문

  자기 몸속에 바다가 살고 자신이 바다의 일부라고 나직하게 바다와의 통정 사실을 외치는 시인. 누가 뭐라 하더라도 이제 다대포는 정시인과 뗄 수 없는 관계이며 다대포가 자기 것이라고 뻔뻔하게 외쳐대는 정시인은 노을이다.

  노을이란 대개, 온기는 가고 잔광(殘光)만 남은 서글픔의 대명사지만 우리는 시인의 가슴 안에 감추고 있는 열정의 노을을 잘 안다.

  뜨거움을 품고 있는 노을, 그것이 정시인이다.

끊임없이 다대포를 노래하는 정시인이 다대포와 어우러져 쏟아낸 작품을 통해 우리는 간접적으로 오르가즘을 경험하게 된다.

시인이 끊임없이 다대포를 노래하며 사실혼 관계를 좀 더 확고히 하기 위해서는 자주, 더 많이 다대포에 관한 작품을 출산해 주기를 기대한다.

내 몸엔 바다가 산다

1판 1쇄·2014년 10월 10일

지은이·정은정
펴낸이·서정원
펴낸곳·도서출판 전망
주　소·부산광역시 중구 중앙동 3가 12-1 우편번호·600-013
전　화·466-2006
팩　스·441-4445
출판 등록 제카1-166
ⓒ 정은정 KOREA
값 8,000원

ISBN 978-89-7973-376-1
w441@chollian.net

* 저자와의 협의에 의해 인지를 생략합니다.

이 도서의 국립중앙도서관 출판예정도서목록(CIP)은 서지정보유통지원시스템 홈페이지(http://seoji.nl.go.kr)와 국가자료공동목록시스템(http://www.nl.go.kr/kolisnet)에서 이용하실 수 있습니다.(CIP제어번호: CIP2014028083)